Ulrike Kaup

Schulgeschichten

Mit Bildern
von Betina Gotzen-Beek

EDITION
BÜCHERBÄR

Ulrike Kaup
wurde 1958 in Gütersloh geboren. Sie studierte Germanistik
und Sozialwissenschaften in Münster.
Danach ging sie ins Ausland und lebte unter anderem
ein halbes Jahr in Australien. Sie ist Realschullehrerin
und schreibt Kinderbücher.

Betina Gotzen-Beek
hat Grafik-Design studiert und schon mit vielen Malern in
ihren Ateliers zusammengearbeitet. Seit 1996
illustriert sie Kinderbücher für verschiedene Verlage.

Dieses Buch gehört

Stella
Helmrath

In neuer Rechtschreibung

2. Auflage 2001
© Edition Bücherbär im Arena Verlag GmbH, Würzburg 1999
Alle Rechte vorbehalten
Einband und Illustrationen: Betina Gotzen-Beek
Gesamtherstellung: Westermann Druck Zwickau GmbH
ISBN 3-401-07308-7

Inhalt

Frau Boskop und ihr Krimskrams

Die Tür geht auf
und da steht sie:
die neue Lehrerin.

In der Klasse 2b
ist es mucksmäuschenstill.
29 Augenpaare beobachten,
wie sie den Klassenraum
betritt.

Die neue Lehrerin, findet Daniel,
sieht aus wie ein Packesel.

Eine alte Ledertasche hängt
über ihrer linken Schulter.

In der rechten Hand
hält sie einen Korb
mit Äpfeln.
Und mit dem linken Arm
drückt sie einen Holzkasten
an ihren Körper.

Den Korb und die Tasche stellt sie
auf den Boden vor die Tafel.
Den Holzkasten direkt
vor sich auf das Pult.

„Guten Morgen, Kinder", sagt sie.
„Ich bin Maria Boskop,
eure neue Lehrerin."

„Boskop, so heißt der Apfelbaum
von meinem Opa auch", ruft Pia.
Da lachen die anderen Kinder
und Pia wird rot.

6

Aber die neue Lehrerin
ist gar nicht böse,
dass man sie
mit einem Apfelbaum
verwechseln kann.
Ganz im Gegenteil.

Sie zeigt auf die Äpfel und sagt:
„Die sind für euch, Kinder.
Greift zu, aber erst in der Pause,
sonst schmatzt ihr mir
schon jetzt
die Ohren voll!"

7

Die neue Lehrerin gefällt Daniel.
„Was ist das für ein Kästchen?",
fragt er neugierig.

„Das kannst du herausfinden",
sagt Frau Boskop geheimnisvoll
und winkt Daniel nach vorn.
„Du musst nur die Augen
schließen und hineingreifen."

Gespannt schaut die Klasse zu,
wie Daniels Hand
in dem Kästchen herumtastet.

„Lauter Krimskrams",
verrät er endlich,
während er allerlei Dinge befühlt.

„Nimm etwas heraus!",
sagt Frau Boskop
nach einer Weile.
Daniel hält etwas Rotes hoch.

„Ach, nur ein Radiergummi",
sagt er und schaut enttäuscht,
als hätte er eine Niete
gezogen.

„Ja", sagt Frau Boskop,
„das ist ein Radiergummi,
allerdings ein ganz besonderer.
Vor langer, langer Zeit
ist er nämlich verzaubert worden.
Von einer hässlichen Fee."

Und dann erzählt Frau Boskop
die Geschichte
vom bösen Radiergummi,
der Kinder nicht ausstehen konnte.
Der sich in ihre Bücher schlich
und heimlich Buchstaben
verschwinden ließ.

Einen nach dem anderen.
Bis die Kinder die Wörter
nicht mehr lesen konnten.
Und da verstanden sie
die Geschichten nicht mehr
und wurden sehr, sehr traurig,
ohne Geschichten.

Ganz still ist es jetzt in der Klasse.

„Keine Sorge", sagt Frau Boskop.
„Vom vielen Radieren
wurde der Radiergummi klein,
kleiner, klitzeklein.
Und als nur noch ein Stäubchen
übrig war, war der Fluch
der hässlichen Fee gebrochen.
Und aus dem bösen Radiergummi
wurde wieder ein ganz
gewöhnliches Ratzefummel."

Damit legt sie den Radiergummi
zurück an seinen Platz in den Kasten.

„Darf ich auch mal etwas aus
dem Krimskrams fischen?",
fragt Pia.
„Und erzählen Sie dann
wieder eine Geschichte?",
will Hermann wissen.

„Ja, gerne", sagt Frau Boskop.
Sie freut sich wirklich.
Und dabei sieht sie
ein klein wenig aus wie
ein schöner, reifer Apfel.

Schweine-Pause

Heute soll jedes Kind
sein Lieblingstier vorstellen.
Daniel bringt bestimmt seine
Brillenschlange aus Plastik mit.
Und Laura malt sicher
ihren Cocker-Dackel Bertram.

Da hat Pia eine gute Idee.
Warum soll sie ihr Lieblingstier
nicht einfach gleich mitnehmen?
Es ist stubenrein, mag Kinder,
geht bei Fuß und bellt nicht.

Dann kann jeder sehen,
wie schön Kurt aussieht.
Kurt, ihr kleines Hausschwein.

Mama hat nichts dagegen.

„Kurt ist intelligent
und anhänglich", sagt sie immer,
wenn einer die Nase rümpft.
„Mit Kurt kann man sich
überall blicken lassen."

Pia und Kurt kommen zu spät.
Kurt hat herumgetrödelt.
Überall will er schnüffeln!

Jetzt muss Pia
Kurt auf den Arm nehmen.
Für die Treppe sind
seine Beinchen zu kurz.

Er quiekt und strampelt.
Er will runter!
Schließlich ist er zum ersten Mal
in einer Schule und es riecht
hier so aufregend.

Und als Pia die Klassentür öffnet,
befreit sich Kurt und saust
als Erster in die Klasse.
Geradewegs zu Frau Boskop!

Mit seinem weichen Rüssel
stupst Kurt so lange gegen ihre Beine,
bis sie ihn zärtlich
über den rosa Rücken streichelt.

Frau Boskop weiß gar nicht,
was sie sagen soll.

Die Kinder kichern
und fragen, ob sie das Schwein
auch mal streicheln dürfen.

Kurt hat es sich bei
Frau Boskop bequem gemacht.
Jetzt knabbert er an ihren Schuhen.
„Kurt hat Hunger", sagt Daniel.
„Er braucht etwas
zu essen."

Das leuchtet Frau Boskop ein.
Sie isst schließlich auch gerne.

„Holt euer Frühstück raus", sagt sie.
„Wir machen jetzt
Schweine-Pause!
Und Kurt darf
von jedem probieren."

Kurt grunzt vor Vergnügen.
Er spaziert von einem zum anderen
und lässt es sich
so richtig schmecken.

Nach Leberwurst
und Tomaten
ist er ganz verrückt.

Aber am liebsten mag er
Müsliriegel mit Banane.

Nach der Pause legt sich Kurt
unter Pias Tisch
und macht ein Nickerchen.
Die anderen Kinder
wollen alles über Kurt wissen
und fragen Pia Löcher in den Bauch.

„Schade, dass Kurt nicht
jeden Tag hier sein kann",
sagt Daniel.
„Dann hätten wir
viel länger Pause!"

Daniels Handy

Daniel steht am Schultor
und wundert sich.
Sonst ist Mama doch immer pünktlich!
Er geht zurück zum Schulgebäude
und setzt sich auf die Stufen,
die zur Eingangstür
führen.

Daniel holt ein Handy
aus der Tasche.
Ein Geschenk von Mama.
Für den Notfall.
Sie kann darauf
eine Nachricht sprechen,
wenn sie ihn nicht
rechtzeitig abholen kann.

Daniel gibt den PIN-Code ein:
drei – sieben – fünf – sieben.
Dann drückt er die Taste
zum Abhören
der Nachricht.

„Hallo Daniel!", hört er Mamas Stimme.
Sie klingt fremd und scheppert.
Sie sagt: „Ich stecke im Stau,
bleib so lange in der Schule,
bis ich komme."

Daniel macht das Handy wieder aus.
Warten ist stinklangweilig.
„So ein Mist!", schimpft er
und kickt eine Dose
quer über den Schulhof.

Plötzlich steht Frau Boskop
neben Daniel.
„Wer hat dich denn so geärgert?",
fragt sie besorgt.

„Meine Mutter kommt heut später",
brummt Daniel.
„Nur wegen dem blöden Stau!
Sie hat auf mein Handy gesprochen."

„Dann komm doch mit!",
sagt Frau Boskop.
„Ich muss noch Bilder aufhängen.
Da kannst du mir helfen."

Mit Daniels Hilfe hängen die Bilder
bald an der Wand.
„Fang doch jetzt
mit den Hausaufgaben an",
sagt Frau Boskop.
„Wer weiß, wie lange es noch dauert,
bis deine Mutter hier ist."

Daniel schüttelt den Kopf.
„Auf keinen Fall
Hausaufgaben!", sagt er.
„Wenn ich Hunger habe,
kann ich nicht denken."

26

Frau Boskop überlegt.
„Wenn das so ist", sagt sie,
„müssen wir uns
etwas einfallen lassen.
Was hältst du von einer Pizza?"

„Gute Idee", sagt Daniel.
„Nur Pilze mag ich nicht."

Aber woher will Frau Boskop
jetzt eine Pizza herzaubern?

„Du hast doch dieses
niedliche Taschentelefon",
sagt Frau Boskop.
„Wir rufen beim Pizza-Taxi an
und bestellen uns eine."

„Echt cool", sagt Daniel.
Am liebsten würde er jetzt
Frau Boskop umarmen.

Aber sie ist schon damit zufrieden,
dass sie sein Handy
ausprobieren darf.

„Hallo, hier Boskop", sagt sie.
„Bitte zweimal Pizza-Mozarella!
Zur Lessing-Grundschule,
Grenzstraße 12.
Die Klasse ist gleich im Erdgeschoss."

29

Es dauert keine zwanzig Minuten,
da steht der Pizza-Bote
in der Klassentür.
Während Frau Boskop bezahlt,
öffnet Daniel vorsichtig
die warmen Pappkartons.
Hm, wie lecker das riecht!

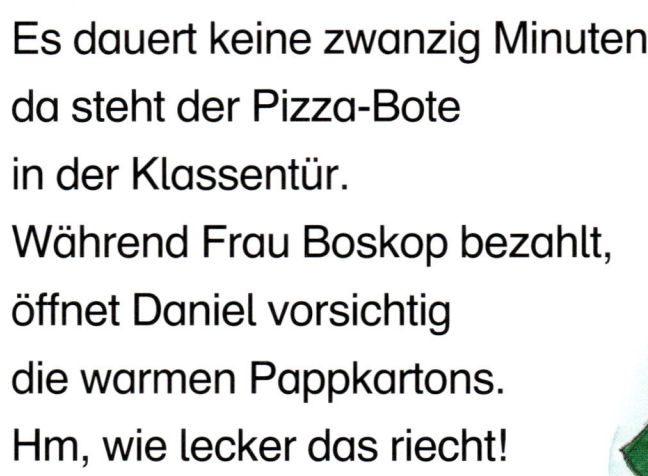

Mit ihrem Taschenmesser
schneidet Frau Boskop
kleine dreieckige Stücke.
„Bedien dich, Daniel", sagt sie
und hält ihm eine Serviette hin.

Als Mama endlich eintrifft,
sind nur noch Ränder übrig.
Ganz außer Atem setzt sie sich
zu Daniel und Frau Boskop.
„Das ist ja richtig gemütlich
bei euch in der Klasse", sagt sie.

„Na klar", sagt Daniel stolz.
„Und wenn du willst,
kannst du dir
einen Apfel nehmen."

Kleine Geschichten

Insa Bauer, **Rittergeschichten**

Hannelore Dierks, **Spukgeschichten**

Jan Flieger, **Mutgeschichten**

Sabine Jörg, **Schulklassengeschichten**

Ulrike Kaup, **Vampirgeschichten**

Ulrike Kaup, **Schulgeschichten**

Maria Seidemann, **Piratengeschichten**

Gerda Wagener, **Indianergeschichten**

Friederun Reichenstetter, **Schulhofgeschichten**

Ulrike Kaup, **Pferdegeschichten**

Mit Bücherbär am Bändchen!

**Jeder Band: 32 Seiten. Gebunden.
Durchgehend farbig illustriert.
Ab 6**

EDITION BÜCHERBÄR